LA GUERRE AU RADICALISME

OU

CONSEILS PRATIQUES

POUR LA LUTTE ÉLECTORALE

Extrait du Chapitre VI de la Brochure : **Qui vive ?**

PAR UN PATRIOTE LORRAIN

« Il n'est certainement entré dans la
« pensée de personne que le Président de
« la République, qu'un Maréchal de
« France, le vainqueur de Magenta et de
« Malakoff, se résignerait jamais à devenir
« le jouet des factions et des passions
« radicales et l'instrument passif de leurs
« exigences. »

(Discours prononcé à l'Assemblée nationale par
M. Buffet, le 24 décembre 1875, et solennellement
approuvé par M. le maréchal de Mac-Mahon,
par sa lettre du 25 décembr· 1875.)

PARIS

CHEZ LES PRINCIPAUX LIBRAIRES

NANCY	MIRECOURT
...NER, LIBRAIRE-ÉDITEUR	CHASSEL, IMPRIMEUR
Rue du Manège, 8	Rue de l'Hôtel-de-Ville

1877

LA
Guerre au Radicalisme

OU
CONSEILS PRATIQUES

POUR LA LUTTE ÉLECTORALE

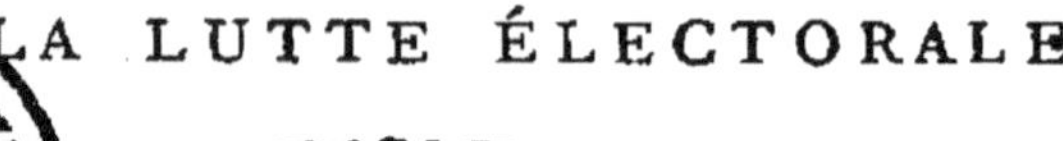

CHAPITRE VI.

La Guerre au Radicalisme.

CONSEILS PRATIQUES POUR LES ÉLECTIONS.

La Lice et sa compagne. Morale de cette fable. Les trois forces conservatrices. — Devoir du Gouvernement. Qu'est-ce que la candidature officielle. Clameurs de la Gauche. — La liberté pratique de MM. les Radicaux dans les élections. — Preuves à l'appui. — Avantages d'un gouvernement fort. — Devoirs du candidat et des électeurs. Les réunions publiques. Visite de la circonscription. — Câlineries des candidats républicains. — Votre programme, s'il vous plaît ! — L'union des conservateurs en face du péril social est une chance de succès. — Serrons les rangs ! Ni indifférence, ni abstention ! — La force de l'exemple et le perroquet confiant. — Requête aux femmes. — Dernières recommandations. — Malheur aux vaincus.

Au mois de février 1875, les radicaux ne sachant où mettre bas le fardeau « *si pressant* » de leur République, prièrent la République conservatrice, dont M. Buffet fut le portier, de « *lui prêter sa hutte.* »

Aujourd'hui, la République conservatrice vient redemander, à la veille des élections.

Sa maison, sa chambre, son lit.

Mais la République radicale, fortifiée par les complaisances des ministères Ricard, Marcère et Simon, montre les dents et dit :

> Je suis prête à sortir avec toute ma bande
> Si vous pouvez nous mettre hors.
> Ses enfants étaient déjà forts.
> Ce qu'on donne aux méchants, toujours on le regrette :
> Pour tirer d'eux ce qu'on leur prête
> Il faut que l'on en vienne aux coups :
> Il faut plaider, il faut combattre,
> Laissez leur prendre un pied chez vous
> Ils en auront bientôt quatre.
>
> (Fable VIII. Liv II).

On croirait véritablement, en lisant ces vers du bon La Fontaine, qu'il a voulu faire l'histoire de la situation de notre pauvre France, à l'heure présente.

Par l'acte du 16 mai, par la dissolution de l'Assemblée, le Maréchal a légalement balayé les fous furieux, les exploiteurs de places, les farceurs dangereux, les intelligences déchues, les ambitieux de bas étage, les pêcheurs en eau trouble, qui prêchaient la croisade contre la constitution en faveur de la République radicale. Mais ceux-ci, groupés, en un seul faisceau, commandé par le généralissime Thiers et le *dauphin* Gambetta, entendent ressaisir le pouvoir et en user avec violence.

Le temps des théories et des vaines discussions est passé ; l'heure de l'action est venue :

> Il faut plaider, il faut combattre.

La bataille électorale ne va pas tarder à commencer. Il ne suffit pas pour la gagner de la livrer avec ardeur ; il faut encore, et surtout, la livrer avec méthode, et approprier les efforts à faire aux obstacles à vaincre.

Pour redresser, ce qui ne sera pas facile, le pli donné aux esprits, et pour modifier les attitudes créées par sept années de régime républicain, livré presque partout — il faut bien le reconnaître — aux influences démagogiques, il faut faire concourir, au résultat poursuivi, les trois forces qu'il intéresse et dont l'action est très différente.

Ces trois forces sont : les électeurs, le candidat et le gouvernement.

Il faut bien se garder de supposer que ces trois forces puissent se suppléer l'une l'autre, ou même agir ensemble et tumultueusement. Le candidat ne peut pas plus faire l'œuvre du gouvernement ou celui-ci l'œuvre des électeurs, que l'infanterie ne peut faire la besogne de la cavalerie ou celle-ci la besogne de l'artillerie.

Ne pas approprier ses forces, c'est les annuler. Or, nous n'en avons pas de reste. Il faut donc les utiliser toutes.

C'est cet emploi raisonné des forces électorales que je veux examiner, en reproduisant les leçons des vieux tacticiens expérimentés du journalisme et du pouvoir ; et indiquer ensuite la direction que doivent recevoir les efforts combinés, à l'avance, du gouvernement, du candidat et des électeurs.

Je commence par la part qui incombe au gouvernement ; je trouve à cette méthode l'avantage de pouvoir fortifier le raisonnement par des faits et par des chiffres.

Supposons un cas comme j'en cite dans ma note. (1)

---

(1) Voici les arrondissements où, en 1876, les candidats conservateurs ne furent battus que par l'indifférence, et, en beaucoup de cas, par l'hostilité du gouvernement :

	Voix.
A Carpentras, M. Poujade a battu son concurrent de	6
A Forcalquier, M. Bouteille ne l'a emporté que de	11
A Sartène, M. Bartholt ne l'a emporté que de	31
A Moulins, M. Laussédat n'a obtenu qu'une majorité de	138
A Vire, M. Picard a vaincu par	155
A Saint-Malo, M. le Pomellec vainquit par	158

Les électeurs conservateurs ont fait leur devoir ; le candidat a fait le sien : et cependant l'élection est manquée par défaut d'un petit nombre de suffrages. C'est dans un pareil cas, qui doit et qui peut être toujours prévu d'avance, que l'action du gouvernement doit intervenir et combler le déficit. Ainsi dans les vingt-neuf arrondissements que je viens de citer, la plus grosse majorité est de 554 voix.

Pour battre le candidat rouge, il suffit, au maximum, d'un déplacement de 278 voix. Si l'action du préfet et du sous-préfet sur les juges de paix, les percepteurs, les contrôleurs, les conducteurs des ponts et chaussées, les maires, les gardes champêtres, les cantonniers, les bons propriétaires, les honnêtes gens de ces vingt-huit arrondissements n'était pas en état de déplacer, au scrutin de 1877, *deux cent soixante-dix voix* abandonnées à elles-mêmes, au scrutin de 1876, par l'incurie de l'administration, c'est que ce préfet et ce sous-préfet ne seraient bons à rien.

A Muret, M. Paul de Rémusat fut élu avec	158
A Saint-Yrieix, M. Baury, par	161
A Marmande, M. Faye, par	181
A Caen, M. Houyvet, par	223
A Chatellerault, M. Hérault, par	227
A Gannat, M. Adrian, par	288
A Senlis, M. Sebert, par	295
A Bergerac, M. Carrigat, par	325
A Abbeville, M. de Douville-Maillefeu, par	343
A Moutiers (Savoie) M. Mayet, par	384
A Provins, M. Sallard, par	424
A Poitiers, M. Salomon, par	424
A Clermont (Oise), M. Levasseur, par	481
A Bourges, M. Devoucoux, par	482
A Château-Chinon, M. Gudin, par	457
A Dinan, M. Even, par	453
A Thiers, M. Dinhasseint, par	512
A Bagnères, M. Duffo, par	515
A Rochefort, M. Bethmont, par	337
A Béthune, M. Brames, par	515
A Orléans, M. Bernier, par	521
A Lectoure, M. Descams, par	555
A Castelsarrasin, M. Lasserre, par	554

Avec la responsabilité qu'il assume devant le pays, le gouvernement ne peut adopter pour champions que ceux avec lesquels il a le plus de probabilités de vaincre. On ne s'amuse pas à flatter des ambitions ou des vanités, lorsqu'il s'agit de se sauver ou de se perdre.

On a fait, le 20 février 1876, l'expérience de ce que peut, en matière d'élection, le patronage du gouvernement. Le ministre de l'intérieur lui-même, M. Buffet, s'imagina qu'il lui suffirait d'être candidat officiel pour être élu, il se porta en divers colléges, tous excellents par leur esprit, et il fut néanmoins battu partout. Et pourtant il eut partout un certain nombre de suffrages, mais seulement ceux qui répondent à l'action directe du gouvernement, c'est-à-dire un appoint. Monsieur Buffet s'était croisé les bras, craignant d'être soupçonné d'avoir la main au fond des urnes. Son erreur fut de croire qu'en matière d'élection, les forces dont 'le gouvernement dispose constituent l'essentiel, tandis qu'elles ne constituent que l'accessoire. Elles secondent puissamment une élection, déjà bien préparée, mais elles sont, toutes seules, impuissantes à la faire réussir.

Si donc les personnes qui sollicitent des candidatures n'apportent pas, avec elles, une force acquise considérable, due à la situation personnelle, à l'activité, au talent, aux services rendus, elles courent au-devant d'une défaite certaine, dont le gouvernement aura le principal déboire, parce qu'il aura distribué les charges, sans mesurer la résistance des épaules chargées de les porter.

Un candidat aux élections, avec la tension actuelle du suffrage universel et la façon dont les questions se posent, c'est un combattant. Ce n'est pas un passe-temps qui va commencer, c'est une arène qui va s'ouvrir, arène où il s'agit d'écraser la démagogie, pour n'être pas écrasé par elle. Or, un homme de bon sens ne demande pas à être choisi pour champion, s'il ne sent en lui des forces suffisantes, sinon pour remporter, au moins pour balancer la victoire.

La bataille électorale devant être livrée par l'action des candidats et l'action dn gouvernement, mises en commun, la plus vulgaire prudence impose au cabinet l'obligation de n'accepter et de n'avouer comme associés que des hommes éprouvés, et justifiant des probabilités de succès qui permettent d'engager raisonnablement la lutte.

Que ceux qui ont l'envie personnelle de se rompre le cou se donnent cette satisfaction, à la bonne heure ; mais il ne faut faut pas qu'ils imposent, soit au gouvernement, soit à leur parti, la responsabilité de leur déconvenue.

En résumé, il faut réussir, c'est-à-dire arriver à mettre des députés conservateurs à la place des députés démagogues. La tâche actuelle consiste à maintenir le Maréchal à la tête du gouvernement jusqu'à l'expiration de ses pouvoirs constitutionnels.

Partout donc où il y a un légitimiste, un orléaniste, un bonapartiste ayant un appui sérieux dans l'esprit des populations, il faut que le gouvernement l'appuie énergiquement, non à cause de ses opinions mais à cause de ses chances.

L'heure n'est pas venue de discuter en elle-même, et au point de vue d'une organisation durable de la France, la valeur théorique ou pratique des doctrines des trois partis conservateurs. Que chacun d'eux les garde fidèlement, puisqu'elles sont sa force et son honneur ; mais que tous les réservent jusqu'au jour où se posera la question de l'avenir. Dans trois ans et quatre mois, le 23 novembre 1880, il s'agira de trouver le moyen de vivre longtemps ; aujourd'hui il s'agit tout simplement de ne pas périr à bref délai.

J'entends à cet égard, autour de moi, les clameurs bouffonnes et délirantes des journaux républicains qui reprochent au Maréchal l'intention qu'on lui sait, d'ajourner les élections à l'extrémité du délai constitutionnel légal et d'appuyer les conservateurs contre les candidats révolutionnaires, c'est-à-dire d'avoir et de patronner des candidats au nom du gouvernement.

Et quels sont ceux qui crient contre l'ajournement des élections et qui répètent, sur tous les tons, qu'il est dangereux de laisser la France sans représentation nationale dans des circonstances aussi critiques que celles que nous traversons.

Le lendemain du 24 février, les circonstances n'étaient pas fort rassurantes ; savez-vous combien le gouvernement provisoire de 1848 mit de temps à convoquer les électeurs ? Cinquante-neuf jours — et c'était alors un siècle, car l'émeute grouillait dans la rue.

Le lendemain du 4 Septembre 1870, les circonstances étaient beaucoup plus graves. Pour faire la paix, il n'y avait pas de gouvernement légal ; pour lever des hommes et faire des emprunts, il n'y avait qu'un gouvernement de fait. Le gouvernement de la Défense ne convoqua les électeurs que cent soixante jours après la révolution, et uniquement parce que nous ne pouvions plus tenir tête à l'ennemi. Si les hommes de l'Empire, qui avaient présidé à l'approvisionnement de Paris, avaient poussé la prudence jusqu'à enfermer dix ans de vivre dans la capitale, M. Trochu attendrait encore Gambetta, M. Gambetta attendrait toujours M. Trochu, — et la France n'aurait pas été appelée à nommer des députés.

Ah ! les radicaux s'étonnent que le gouvernement du

Maréchal cherche à peser sur la détermination des électeurs qui vont se présenter au scrutin. Voulez-vous savoir ce qu'ont fait ces hommes qui entendent que le gouvernement ne doit aucunement influencer les élections? Lisez les documents instructifs que je vais signaler.

Le 8 mars 1848, M. Ledru-Rollin écrivait officiellement à ses commissaires départementaux :

« A la tête de chaque arrondissement, de chaque municipalité, placez des hommes sympathiques et résolus. Ne leur ménagez pas les instructions, animez leur zèle. Par les élections qui vont s'accomplir, ils tiennent dans leurs mains les destinées de la France ; qu'ils nous donnent une Assemblée nationale capable de comprendre et d'achever l'œuvre du peuple. En un mot, tous hommes de la veille et pas du lendemain. »

M. Ledru-Rollin reconnaissait donc publiquement que les fonctionnaires devaient faire eux-mêmes les élections.

Aujourd'hui on hurle après le *Bulletin des Communes*. (1) Eh bien, et le fameux *Bulletin de la République*

(1) Sous Gambetta et les siens, c'était non-seulement l'affichage qu'on exigeait, mais la lecture en public par les maires et les instituteurs; non-seulement la lecture, mais le commentaire sous peine de révocation

Voici en quels termes ces ordres étaient donnés en décembre 1870 :

« Monsieur l'Instituteur,

» Des plaintes arrivent journellement à M. le préfet touchant *votre indifférence* à lire et à expliquer le *Bulletin de la République* aux habitants de votre commune.

« Je vous invite sérieusement à ne pas y manquer à l'avenir. C'est un devoir patriotique pour vous que de faire comprendre aux populations rurales (dussiez-vous même pour cela vous servir de l'idiome du pays), que la République est la forme du gouvernement la *plus morale*, la *plus économique*, par conséquent la meilleure et, en outre, la seule solution possible aux douloureuses difficultés qui nous environnent.

» D'ailleurs, je dois vous prévenir que M. le préfet est décidé *à révoquer immédiatement tous les instituteurs contre lesquels on lui portera de nouvelles plaintes à ce sujet.*

» *L'Inspecteur d'Académie par intérim,*

» LACOSTE. »

Ainsi l'on punissait même l'indifférence !

de 1848 ! Et surtout celui du 15 avril, où il était dit en termes très clairs que, si les élections n'étaient pas républicaines, Paris jetterait les députés de la province par-dessus le pont de la Concorde.

Est-ce assez limpide ? Et en 1871 les décrets et les circulaires de Gambetta, précédant la Commune de six semaines et la préparant ! Allons, MM. les républicains, un peu moins de colère et un peu plus de mémoire ! !

Ouvrons les volumes des dépêches télégraphiques officielles publiées par la commission d'enquête sur le 4 Septembre, et puisons, à pleines mains, les preuves du respect des rouges pour le suffrage universel.

Deux fois les élections furent résolues par le gouvernement de Paris ; deux fois elles furent indéfiniment ajournées par la délégation de Tours. Et pourquoi ? M. Crémieux va nous l'apprendre ·

« Les élections, écrivait-il, sont périlleuses et *destruc-*
« *tives de notre nouvelle situation*... Puisque nous ne
« sommes pas prêts, pourquoi livrer cette terrible
« bataille à l'intérieur ?.... »

Cela signifiait que l'on fermerait la bouche au suffrage universel tant que l'on se méfierait de lui.

Un jour vint où, en dépit de M. Gambetta, les élections s'imposèrent par la nécessité des choses. Que fit alors le farouche adversaire des anciennes candidatures officielles ? Il rendit un décret aux termes duquel tous les serviteurs de l'Empire étaient exclus comme indignes et déclarés inéligibles. En même temps, par une dérogation à toutes les lois existantes, il autorisait les candidatures des préfets dans les départements même où ils avaient exercé leurs fonctions.

C'était dépasser d'un coup tout ce qui avait jamais été imaginé en fait de candidatures officielles ; on ne se bornait pas à recommander, comme autrefois, certains candidats ; on défendait aux électeurs de porter leurs voix sur certains autres candidats !

Que dirons-nous des candidatures imposées ?

C'est d'abord M. Peigné-Crémieux, gendre de M. Crémieux et préfet de Valence, en congé à Bordeaux, qui, sous le couvert du chef de cabinet du ministre, écrit le 8 février à son intérimaire :

Veuillez me dire qui on porte dans le département. Je suppose que mon beau-père est tête de liste.

Puis c'est un homme d'esprit — il rira bien aujourd'hui s'il lit ces lignes — qui télégraphie le lendemain à Marc Dufraisse, préfet de Nice :

Si vous n'avez pas de Français local qui ait des chances, prenez Gambetta, vous et moi.

Enfin c'est M. Gambetta lui-même qui écrit à M. Gent, préfet des Bouches-du-Rhône :

Faisons donc les élections. — Soyons tous les deux ensemble les élus de Marseille.

C'est là certes ce qu'on peut appeler les candidatures personnelles. Passons maintenant aux candidatures d'amis.

Dans une dépêche du 4 février, *confidentielle, urgente, chiffrée*, adressée par M. Gambetta au préfet d'Albi, on lit : « ..... Vous saurez faire ressortir les grandes raisons politiques qui nécessitent un pareil choix. Nos amis sauront les comprendre et mettre le le général Jaurès sur leur liste. » Le même jour, M. Gambetta explique au préfet de Montauban, dans une dépêche également *chiffrée*, comment il doit s'y prendre pour faire passer M. de Freycinet dans la liste : « Ce qui m'importe, c'est que Freycinet soit élu. Que « nos amis le portent, c'est fort bien ; qu'il soit porté « sur d'autres listes, c'est encore bien ; pourvu qu'il « soit élu. »

Nous pourrions multiplier ces citations ; mais la place nous manque ; nous voulons seulement les clôre par un petit feu d'artifice de républicanisme électoral et sentimental, qui devra bien encourager M. de Fourtou à ne pas épargner les fonctionnaires qui le contrecarrent dans son travail électoral.

C'est une dépêche signée d'un des secrétaires de M. Gambetta et envoyée de Bordeaux au préfet de Périgueux :

Verriez-vous inconvénient à ce que M. L..., ancien notaire, demeurant à Ribérac, y fût nommé juge de paix pour combattre influence Fourtou ?

Je gage que l'aimable jeune homme qui a écrit cela crie très-haut en ce moment contre les destitutions et les révocations !

Et depuis, pendant leurs quelques jours de triomphe sous le ministère Simon, les républicains nous ont montré qu'ils savaient dépasser l'Empire dans l'art d'entraîner les électeurs. En pénétrant dans les archives des sous-préfectures, les nouveaux sous-préfets retrouveront infailliblement la trace de toutes les supercheries employées aux dernières élections ; faux procès-verbaux, listes électorales modifiées, électeurs absents comptés dans le nombre des votants, bulletins changés ou détruits pendant le dépouillement du scrutin ; ils ont tout mis en œuvre pour fabriquer une majorité républicaine. Les fonctionnaires laissaient faire ou prêtaient même leur concours à ces actes de brigandage politique.

Quand donc le radicalisme décrie le mot de « *candidature officielle* » en vue de s'approprier la chose, il commet — passez-moi cette comparaison basse et à sa portée — il commet l'action gloutonne d'un homme qui crache dans le plat pour en écarter la fourchette de son voisin de table.

Il faut que le gouvernement vienne dire à ce gros mangeur de suffrages : « Tu ne cracheras pas dans le plat, et tu laisseras manger ceux qui ont faim d'ordre, de sécurité, de paix et de travail. »

Quand les radicaux trouvent, en face d'eux, un gouvernement résolu, parlant ferme, portant haut le drapeau de l'ordre, déclarant avec netteté que le radicalisme ne passera pas, les chefs du radicalisme baissent de ton, leurs soldats désertent en masse et les conservateurs rassurés, sortant de leur maison, vont à l'urne en balayant la démagogie. C'est un coup de théâtre !

En 1851, la jacquerie était organisée sur toute la surface de la France — les documents officiels ne laissent à cet égard aucun doute — les élections étaient détestables malgré la loi du 31 mai. De toutes façons la démagogie semblait maîtresse du terrain. Où étaient donc ces farouches radicaux quinze jours après le coup d'Etat que, remarquez-le bien, je ne juge point ici ?

Aux heures de péril, le peuple suit l'homme énergique qui le mène. Ministres du Maréchal, ne l'oubliez pas !

Aujourd'hui donc si, sans coup d'Etat, par les seuls moyens légaux, mais par exemple en les employant tous, vous montrez aux radicaux qu'ils trouveront à qui parler, et au pays que les radicaux n'ont aucune chance, vous verrez se produire le même phénomène qu'en 1851. L'armée radicale se licenciera, se fondra, se dissipera, s'évanouira si complètement que dans trois ans nous nous demanderons peut-être si le danger était aussi grand qu'il semblait.

Quand vous aurez fait cela, quand vous aurez justifié la confiance du Maréchal, en l'aidant à nous sauver, vous serez un peu plus impopulaires que vous ne l'êtes. Ceux dont vous avez sauvegardé la fortune et la vie,

vous accuseront d'avoir trop fait ; on dira que vous a-
vez été trop ardents. Ceux qui aujourd'hui tremblent
dans leur peau, trouveront qu'on a un peu exagéré le
péril. Ils diront que le radicalisme était un fantôme.
Laissez dire et agissez. Suivez hardiment la voie que
vous vous tracez ; ralliez les conservateurs de toutes
nuances, faites-leur entendre que si les uns payent de
leurs personnes comme fonctionnaires ou comme candidats, les autres doivent payer de leurs bourses pour
organiser la défense sociale ; dominer les compétitions
des partis et les rivalités des personnes ; laissez dire
et marchez droit : la victoire est au bout.

Toutefois nous ne cesserons de répéter qu'en politique, comme à la guerre, nous ne croyons pas à l'en-
thousiasme, nous ne croyons qu'à l'organisation. C'est
circonscription par circonscription et non en bloc qu'il
faut reprendre la France électorale. Chaque élection
est un combat particulier spécial. Nous conjurons les
ministres de bien y réfléchir pendant qu'il en est temps
encore ; s'ils n'y prennent garde, ils iront, dans bien
des endroits, au scrutin avec les administrations de M.
Simon, de M. Martel, de M. Waddington et des hommes
du 4 septembre.

Comment l'électeur rural, qui est le plus nombreux,
comprendra-t-il qu'il y a eu un changement en France,
un changement certain, durable, s'il voit toujours à
leurs places les percepteurs, les maîtres d'école, les
agents rouges, les fonctionnaires rouges qui l'oppri-
maient et le catéchisaient hier encore ?

Certes, il faut faire les élections le plus vite possible,
mais il faut les faire avec la chance de les réussir, et
seulement lorsqu'on aura démontré au pays que les
bêtes rouges sont comme les dents gâtées, qu'elles ne
tiennent pas et qu'on les extirpe sans douleur et à la
plus grande joie du patient.

Sous l'empire, les élections étaient faites par le gouvernement, qui avait la confiance absolue des populations. En 1871, elles furent faites par l'opinion publique, unanimement révoltée contre l'orgie républicaine, écœurée aussi par les ballonniers, par les balconniers, par les saltimbanques de Paris, de Tours et de Bordeaux, poussant à la guerre le dos au feu et le ventre à table. Aujourd'hui, les populations, bercées par l'illusion d'une république modérée, se réveillent en sursaut, et cherchent la vérité. Au milieu de l'hésitation des esprits, les élections sont plus difficiles. C'est au gouvernemeut à les préparer (1) : mais c'est aux candidats de les faire, de concert avec l'électeur.

*
* *

Beaucoup de personnes n'ayant jamais livré la bataille et couru les chances d'une élection, s'imaginent qu'on pousse les électeurs au scrutin, avec du bruit, comme des rabatteurs jettent le gibier sur les postes avec des crecelles. Ceux qui rentrent à Paris après une

(1) On s'est souvent demandé comment nous espérions que les fonc'ionnaires nommés par le ministère du 16 Mai arriveraient, en aussi peu de temps, à acquérir assez d'influence sur les populations, pour servir de politique conservatrice pendant la période électorale ?

M. de Fourtou vient de répondre à cette question :

C'est par la défense des intérêts locaux.

C'est, en effet, le meilleur moyen d'assurer aux nouveaux représentants du Gouvernement toute l'autorité qu'ils doivent avoir. Faire les affaires des régions qu'ils administrent, presser les formalités bureaucratiques, donner rapidement les solutions attendues, voilà cela ce qui constitue la bonne administration.

En moins d'un mois, les populations pourront constater la différence qui existe entre les fonctionnaires républicains, choisis par M Simon, la plupart si incapables et si ignorants, et les hommes que le cabinet du 16 mai a su nommer. Or, cette différence constatée, les populations accepteront vite les conseils de ceux qui les auront ainsi protégés et servis, et c'est par la confiance absolue que se traduiront les sentiments de reconnaissance des communes et des individus.

La circulaire de M. de Fourtou est une excellente inspiration, et nous sommes convaincus qu'elle sera comprise dans tous les départements.

grande lutte électorale trouvent les murs tapissés de professions de foi bariolées depuis Ivry jusqu'au Point du Jour, et depuis St-Denis jusqu'à Clamart ; le jour du vote, on soulève du pied les bulletins jetés par terre, comme aux Tuileries on pousse les feuilles des marronniers, après la première bise d'octobre.

Tout cela est puéril. Consultez un imprimeur, il conseillera au candidat de couvrir l'arrondissement de petits papiers ; consultez un électeur pratique il lui dira : Montrez-vous et expliquez-vous.

Vous serez victorieux, si vous méritez de l'être ; si vous montrez aux populations que vous êtes de l'étoffe dont on fait les gouvernements. Il faut bien vous pénétrer de l'idée qu'à ce moment vous montrez à la France des échantillons de votre savoir-faire et qu'elle va se décider après avoir tâté, retourné, fait chatoyer au soleil la marchandise que vous lui offrez.

Il paraît certain qu'elle est fatiguée d'être habillée à la républicaine et de se sentir sur ses épaules un vêtement qui ne tient pas, qui ne la garantit ni des coups de vent étrangers, ni des chaleurs torrides de l'intérieur ; elle voudrait se vêtir autrement, s'acheter un paletot durable, imperméable, chaud en hiver, frais en été. Si vous ne lui persuadez pas que vous avez de meilleur drap que les républicains, que vous coupez plus élégamment et que vous cousez plus solidement, elle vous laissera vos échantillons dans la main.

Les réunions ! Voilà le nerf d'une candidature qui se produit et qui veut se fonder. Par les réunions, on s'assimile, on s'incorpore, commune à commune, l'arrondissement tout entier. On y forme le faisceau des opinions éparses, on y agglutine le parti dont on se fait le champion et le porte-voix.

Mais les réunions destinées à former la cohésion

d'un parti et à lui donner un homme énergique pour chef, ce ne sont pas les réunions publiques, qui se passent en luttes, en épigrammes, en défis, en menaces, ce sont les réunions privées, remplies d'explications amicales, et dirigées de façon à produire une entente commune.

S'il y a une illusion, dont tout candidat doit se défaire sans hésiter, c'est l'espoir de convertir un adversaire, dans l'état de surexcitation où les opinions politiques sont parvenues. Entre adversaires, surtout dans une réunion publique, des discours ne diminuent pas les sentiments, ils les accentuent. Par conséquent, pour un candidat conservateur, faire des réunions en champ clos, et y admettre des républicains, avec la pensée de les ramener, ce serait puéril. Ce qu'il faut réunir, ce sont les coreligionnaires, les amis, les hommes modérés, de bonne foi, dont la conscience a été surprise, qui cherchent la bonne voie avec sincérité, et ne la quittent plus dès qu'ils l'ont trouvée ; mais appeler, ou même admettre aux réunions des ennemis déclarés, des sectaires incorrigibles, jamais ! Ce serait du temps perdu et des désordres inutiles. J'ai vu, dans un arrondissement où le candidat avait commis la faute d'annoncer et d'organiser une série de réunions publiques, se former un petit gronpe de braillards voyageurs le suivant partout, l'interrompant toujours, et finalement l'empêchant de parler.

Depuis environ trente ans que l'on pratique le suffrage universel, l'électeur s'est classé et s'est fait une règle de conduite. Il veut deux choses : qu'on ait une opinion et qu'on soit de la sienne. Il a encore une fantaisie à laquelle il est sage de condescendre, au moins de loin en loin : il désire voir son candidat.

L'évêque visite son diocèse en quatre années; le député prudent visitera son arrondissement dans le cours de la législature. Rude besogne en province, où l'on doit parcourir, en moyenne, cent communes, couvrant un carré de 25 kilomètres de côté ! les marchés et les foires sont d'ailleurs la providence de la candidature provinciale, parce qu'on y a l'occasion de voir et d'être vu, d'écouter et de parler.

Donc, je dirai au candidat qui veut réussir : Montrez-vous et expliquez-vous ; cherchez dans chaque canton les personnes notables connues pour appartenir au parti dont vous briguez le suffrage ; gagnez leur patronage dans la région où s'exerce leur influence ; et puis, appuyé sur ces notabilités, adressez-vous aux paysans !

La politique du paysan est la politique de ses intérêts ; mais, Dieu merci ! ses intérêts sont identiques à ceux du grand parti de la conservation. Le paysan radical est un paysan trompé, et le paysan révolutionnaire est un imbécile ; il faut dire cela hautement les jours de foire. Ce n'est pas le paysan qui fera jamais une révolution, car il ne renverse jamais rien. Il sait comme ses poules si l'orage durera. Son instinct lui fait comprendre aussi bien que nous, tout, excepté la politique. Il est aussi facilement empoigné par l'absurde que par le fantastique. Si les laboureurs s'affolent, un jour, comme on voit, à certaines foires, des paniques subites qui entraînent bestiaux et hommes, c'est qu'on aura jeté parmi eux des boulettes empoisonnées, sous forme d'attaques insensées ou de niaiseries ridicules.

Même le paysan qui fera demain ne connaît pas demain. Il vit sur une idée comme le héron sur une patte : il veut s'amasser quelques sous pour acheter quelques parcelles de terre à ses enfants. Il est aussi peu renseigné sur les affaires de l'État que le flot profond qui dort le matin et qui, le soir, brisera les frégates. Le paysan ne sait pas assez parce qu'on ne l'instruit pas assez. Il ne connaît pas assez le grand parti conservateur parce que le grand parti conservateur ne lui parle pas assez. Au contraire, regardez les candidats radicaux. Ce sont des ventriloques qui ont l'air de parler à la tribune, alors qu'ils font entendre leur voix dans la rue.

Braves habitants des campagnes, vous êtes heureux, n'est-ce pas ? aussi heureux qu'il est possible de l'être après de tels désastres ; vous, paysans, vous vendez bien vos bœufs ; vous, ouvriers, vous gagnez bien votre vie. Quand, par hasard, vous lisez une gazette, vous voyez que les autres peuples qui n'ont pas eu la guerre sont plus malheureux que vous... Eh bien ! quel intérêt pouvez-vous avoir à l'interrompre cette prospérité, c'est-à-dire à ne plus vendre vos bœufs, à ne plus trouver d'ouvrage, et cela pour faire plaisir à quelques hommes politique dont la carrière est de brouiller les cartes. Quel diable d'intérêt pouvez-vous y avoir ? C'est là ce que je voudrais comprendre.

Les voyez-vous tous, le front dans la poussière ? C'est à celui qui s'inclinera le plus bas, à celui qui baisera le plus dévotement la trace de vos pieds souverains. Remarquez-vous comme ils vous aiment depuis quelques jours. Quelle tendresse ? Quel souci de vos intérêts ! Quel désir que vous payiez le moins d'impôts, que vous ayiez le plus de ponts, le plus de routes et le plus de chemins de fer possibles !

Tous blagueurs, d'ailleurs, ceux qui veulent arriver ; les électeurs n'ont pas le temps de leur demander la lune, ils l'offrent — la lune et le soleil, et les étoiles et ce qui est derrière les étoiles, tout enfin, excepté leur chemise, car on ne promet que l'impossible ; le possible, il faudrait le donner tout de suite.

Aux dernières élections, on avait inventé un boniment vainqueur :

« Qui avez-vous nommé jusqu'alors présent, bons électeurs ? disaient les candidats, — des messieurs, des riches, des hommes bien mis, décorés, qui sont allés à Paris faire leurs affaires. Mon Dieu ! ce ne sont pas de malhonnêtes gens, mais ils ne s'occupent pas de vos intérêts. Ce sont des rentiers et des satisfaits. Nommez à leur place des petits comme vous, et vous verrez. Moi, je suis un candidat des petits, nommez-moi et tout ira bien. »

Beaucoup ont réussi, — et depuis quatorze mois, on cherche, mais en vain, dans les campagnes, quelle différence peut bien exister entre les candidats des petits et les candidats des messieurs. Récompense honnête à qui la trouvera. En attendant, le tour est fait, on est député, on a réussi ; donc... donc on a bien fait. Car, la blague n'est bonne que si elle réussit à celui qui la monte : tant pis pour ceux qui en sont victimes, tant pis pour les blagués.

— Mais, me direz-vous, au milieu de tous ces gens intéressés à nous tromper, comment nous y reconnaître ?

Ah ! mon Dieu, c'est bien simple !

Au lieu de choisir des hommes à cause de leurs opinions, prenez-les à cause de leur caractère ?

Au lieu de leur demander, d'abord, quel est leur drapeau, cherchez quelle a été leur vie, et quelle est leur situation.

Voyez-vous, les drapeaux et les programmes ne signifient rien, ce sont des objets que nous prenons et que nous laissons dans la coulisse pour monter sur la scène, et en ces temps de révolution il est même tels politiciens qui en ont changé un nombre incalculable de fois.

Il n'y a qu'une chose sûre, une chose qui reste : c'est l'homme lui-même, son honorabilité, sa considération, ses racines dans le pays. L'homme, non point avec le masque qu'il a pris pour une candidature, mais avec le visage véritable qu'on lui connaît depuis trente ans.

Autrefois les mots de légitimiste et de bonapartiste indiquaient encore différentes espèces de conservateurs, et le titre de républicain voulait dire plus ou moins révolutionnaire.

Aujourd'hui, par une singulière confusion de langage, ces trois étiquettes recouvrent aussi bien les hommes d'ordre que les hommes de désordre ; de même que les protestations de dévouement au maréchal signifient la moitié du temps l'envie de le renverser.

Aussi à mesure qu'un candidat se présente, dites-vous donc : « D'où vient-il ? Pourquoi vient-il ? Avant d'être candidat quel bien faisait-il ? Quels étaient les pauvres qu'il soulageait, les ouvriers qu'il faisait vivre ? N'a-t-il pas besoin de cette place de député pour vivre ou placer avantageusement ses neveux ? Est-ce de nous ou de lui qu'il veut sérieusement s'occuper ? »

Et quand ce candidat est un député de la dernière Chambre, un des signataires du manifeste des 363, il est urgent que vous, électeurs trompés par ces gens là, vous les enfermiez dans un questionnaire formel :

« N'avez-vous pas accepté Gambetta pour chef et le programme de Belleville pour profession de foi ?

« Voulez-vous supprimer le budget des cultes et proscrire la religion qui est celle de la majorité des Français ?

« Voulez-vous bouleverser l'œuvre à peine achevée de notre réorganisation militaire ? (1)

---

(1) Toujours bons patriotes, les chefs de la gauche ont décidé de se faire de la loi du recrutement une arme électorale. Leurs agents vont essayer de faire croire dans les campagnes que la victoire de la Gauche aurait pour premier effet la réduction du service militaire.

Avis de la manœuvre !

« Voulez-vous substituer à un système financier qui permettrait d'équilibrer nos budgets et de réparer nos désastres, les essais empiriques de Gambetta et les combinaisons ruineuses de la commission du budget?

« Voulez-vous l'amnistie? l'omnipotence d'une Chambre unique sans le contre-poids du Sénat, sans la direction du pouvoir exécutif?

« En un mot, voulez-vous vraiment soutenir le gouvernement, c'est-à-dire nous laisser gagner notre vie; ou bien *secrètement* voulez-vous le renverser?.... »

Si un candidat consulté d'une façon aussi précise, ne répond pas énergiquement : *Non*, ne votez pas pour lui.

Votre malheur jusqu'ici, c'est d'avoir agi sans vous rendre compte. Vous qui êtes des hommes de travail, vous qui voulez l'ordre et la paix, vous avez souvent nommé des hommes de désordre, sauf à être ensuite tout surpris quand vous avez vu que ces hommes de désordre avaient tout bouleversé.

Car c'est là votre éternelle histoire. Lorsque sous Louis-Philippe vous acclamiez les Garnier-Pagès et les Arago, ce n'était certes pas dans l'intention d'être ruinés par la révolution de 48 et massacrés par les fusillades de juin.

De même quand sous l'Empire vous portiez en triomphe les Favre et les Ferry, ce n'était pas dans l'espérance d'arriver aux horreurs de Septembre et de la Commune.

Non ! c'était parce que vous ne compreniez pas que l'élection de ces hommes amènerait fatalement de telles choses.

Eh bien ! ce que je vous conseille aujourd'hui, c'est d'être plus prévoyants.

Au lieu d'accepter bêtement le premier venu que les francs-maçons vous imposent, prenez UN HOMME D'OPI-

NIONS SAGES, MODÉRÉES, VRAIMENT CONSERVATRICES, un homme pour qui la politique ne sera pas une situation, pour qui la place de député ne sera pas une carrière, mais au contraire une charge, charge acceptée par patriotisme.

En un mot, un homme qui se résignera à entrer à la Chambre, comme le maréchal de Mac-Mahon s'est résigné à monter au pouvoir, sans l'avoir demandé, sans l'avoir ambitionné, sans y porter aucune arrière-pensée politique ; un homme d'une telle honorabilité, d'une telle considération, que cette charge nouvelle ne pourra rien ajouter à son honneur, de même que le titre de président n'a rien ajouté à la gloire du Maréchal.

En première ligne, les conservateurs placeront les *invalidés* de la précédente Assemblée. C'est une réparation due à des hommes qui ont affronté une lutte difficile dans des conditions inégales. On sait qu'au poste où la vraie majorité des électeurs les aura enfin fait arriver, ils lutteront énergiquement contre le parti qui, par d'odieux coups de force, les a chassés de cette Chambre où ils devaient siéger.

Après ceux-ci viennent généralement les députés de la droite de la précédente Assemblée, non réélus parce qu'ils n'ont pas voulu pactiser avec les idées démagogiques et demander des références aux chefs du radicalisme. Par cette voie, d'ailleurs, les différents groupes conservateurs d'un arrondissement arriveront plus facilement à une indispensable entente.

Nous avons dit et nous ne saurions trop répéter que, de notre côté, il importe surtout de simplifier le débat.

L'idée que nous avons trouvée dans le *Moniteur universel* d'une sorte de programme commun qui serait imposé à tous les candidats conservateurs nous sourit beaucoup, à la condition surtout que ce programme écarte l'hypothèse de toute révision avant 1880.

Le programme dont il est question devra être simple, clair, et établir nettement :

Que d'ici 1880 on ne rétablira ni la Monarchie ni l'Empire ;

Que par conséquent il ne sera rien changé aux institutions existantes ;

Que le gouvernement ne songe ni à faire la guerre à l'Italie, ni à l'Allemagne, mais entend garder sur toutes les questions extérieures la plus stricte neutralité.

Que la Chambre n'a pas été dispersée par un coup d'Etat, mais que, sur trois pouvoirs égaux qui constituent la chose publique, deux se sont trouvés d'accord contre le troisième.

Une de nos chances, c'est que nous offrons une tranquillité immédiate au lieu de l'inévitable crise à laquelle nous convient nos adversaires. Ne gâtons pas ce précieux avantage en laissant supposer que nous diminuerions volontairement la trève convenue. Voilà quatre ans que la France est divisée, ruinée par les partis, voilà quatre ans que cette France si riche, si vivace, retombe dès qu'elle veut se relever, voilà quatre ans qu'elle retombe de Dufaure en Marcère, de Marcère en J. Simon, non point précipitée par les radicaux, qui n'ont pas encore été les maîtres, mais par les monarchistes qui, ne voulant pas s'entendre, font triompher les radicaux !

Tel est en deux mots, le spectacle auquel nous avons assisté : d'un côté, les journaux extrêmes repoussant furieusement toute entente ; de l'autre, les journaux *raisonnables* mettant pour première condition à *l'alliance des partis*, qu'un des partis en soit formellement exclu.

« Oui, réunissons-nous, disent-ils, réunissons-nous

contre l'ennemi commun, mais.... à condition que celui-ci n'en sera pas. »

« — Nous voulons bien, dit le *Pays*..., pourvu qu'on
n'admette pas un seul républicain modéré. Le républicain modéré est cent fois pire que le républicain im-
modéré ; ou il se trompe ou il nous trompe ; c'est le
concierge de la révolution, etc., etc. »

« — Nous voulons bien, dit le *Moniteur*, pourvu
qu'il n'y ait ni bonapartistes modérés, ni bonapartistes
immodérés, gens au moins aussi dangereux que MM.
Marcou et Naquet, etc., etc. »

« — Nous voulons bien, dit le *Gaulois*, pouvu qu'il
n'y ait ni cléricaux, ni monarchistes, et qu'on n'accepte
exclusivement que les enfants de la révolution. Nos
électeurs aimeraient mieux voter pour M. Jules Favre
que pour M. de Falloux, attendu que la force du prin-
cipe impérialiste, c'est qu'il incarne l'idée démocrati-
que de la grande révolution, etc., etc. »

« — Nous voulons bien, dit la *France*, pourvu qu'il
n'y ait ni légitimistes, ni bonapartistes, ni doctrinaires
et que l'on sorte enfin de cette politique vieillotte,
surannée, dite politique de conciliation... etc., etc.

Après quoi arrivent les légitimistes, qui déclarent
exclure tous les faux monarchistes qui ont trahi leur
roi ; puis les cléricaux, qui excluent tous les faux
catholiques qui ont trahi l'Eglise... sans parler des libéraux, qui excluent tous les ultramontains qui menacent
la liberté, etc., etc.

Voilà textuellement, lecteurs, la situation.

Vraiment, cela exaspère ! Voyez les républicains :
quand un apothicaire sans clients, un avocat sans causes
et un imbécile de chef-lieu d'arrondissement se réunis-
sent pour fonder une feuille de chou radicale, tout le
parti se lève comme un seul homme : de Marseille à

Dunkerque, de Besançon à Brest, toute la radicaille salue de nouveau venu, qualifié dès le premier numéro de « courageux confrère » et de « vaillant champion ».

Outre les journaux, ce parti, de tant de canaillerie et de si peu de bottes, trouve pourtant le moyen de multiplier à l'infini les brochures calomnieuses, les placards mensongers, les petits livres perfides contre tout gouvernement honnête. En face de ce débordement régulier, incessant de papier imprimé, qu'ont essayé les conservateurs ? A-t-on seulement fait appel aux journaux de bonne volonté ? s'est-on réuni ? est-on convenu d'une ligne de conduite commune ? a-t-on échangé des idées, des objections ? a-t-on opposé propagande à propagande, journaux à journaux, brochures à brochures, pamphlets à pamphlets ? a-t-on sondé l'opinion ? Non. On s'est isolé dans une attitude jalouse ; on a tenu systématiquement à l'écart des journaux que leur publicité mettait à même d'avoir de l'influence.

La discipline avant tout. Devant la France électorale, il faut que nous laissions de côté nos dissentiments. Il ne doit y avoir ni bonapartistes, ni royalistes, ni constitutionnels ; il ne doit y avoir que des conservateurs luttant contre les hommes de désordre.

Si, comme l'espèrent les radicaux, nous nous divisions encore une fois ; s'il était possible que les diverses fractions conservatrices voulussent harceler le ministère, chacune dans son intérêt propre, alors il ne me resterait plus qu'un dernier conseil à vous donner : Faites vos malles et tâchez de ne pas manquer le train !

Vous me direz peut-être « que le ministère ne vous est pas sympathique, et qu'il ne vous plaît pas de le maintenir au pouvoir. »

Soit, la France peut être comparée en ce moment à

une femme atteinte mortellement d'une péritonite aiguë et gênée dans sa respiration par un coryza. Ses médecins la veulent débarrasser de son rhume de cerveau, bien que cela ne presse guère. La malade éternue, on lui dit : *Dieu vous bénisse !* Elle éternue un ministère, deux ministères, trois ministères. Pendant que les docteurs se frottent les mains, elle est emportée par son inflammation d'entrailles.

Etrange manière, il faut en convenir de guérir un malade.

Ah ! vous tous, conservateurs, vous déclarez ne pouvoir vous réunir sur le grand terrain de l'ordre, de la religion, de la famille... vous dites « qu'il est des sacrifices au-dessus des forces humaines... qu'il vous est impossible d'avoir pour alliés des gens que vous détestez encore plus que les radicaux. »

Et quand cela serait, en admettant ce mépris, en admettant cette haine, qu'avez-vous donc fait pendant la guerre ?

Est-ce que vous, hommes de l'Empire, vous n'obéissiez pas aux traîtres de septembre qui avaient renversé l'Empire ?

Est-ce que vous, fidèles du droit divin, vous ne combattiez pas près des démagogues qui outrageaient votre drapeau ?

Est-ce que vous, chrétiens, vous ne suiviez pas les athées qui insultaient votre foi ? Et votre éternel honneur ne sera-t-il pas d'avoir agi ainsi ?

Et même, je vous le demande, qu'auriez-vous dit, si un corps d'armée, un seul, avait proclamé cette monstrueuse doctrine ?... Vous auriez crié à la trahison ! Eh bien, pourquoi n'est-ce pas de la trahison aujourd'hui ?

— Il n'y a pas de comparaison, dites-vous. On ne peut sérieusement assimiler les combats de la politique à la défense du territoire.

Oui, si le territoire n'est plus menacé, si la patrie n'est plus en péril, vous avez parfaitement raison. Dans ce cas, la comparaison est absurde. Mais si le danger est toujours le même, et si les fautes de la politique intérieure peuvent nous attirer les désastres des guerres étrangères, alors, c'est autre chose. Or, trouvez un diplomate, *un seul*, qui vous dise que l'on constate une amélioration de ce côté, ou plutôt trouvez-en un seul qui n'affirme que jamais la situation n'a été plus grave.

Quand une maison brûle, les habitants interrompent la querelle commencée pour aller éteindre l'incendie. Parfois même le danger couru en commun crée une amitié qui survit au péril. Faites ainsi, car la maison brûle.

Encore une fois, regardez vos ennemis, regardez sur quel terrain ils ne craignent pas de se rencontrer ; voyez tout ce qu'ils oublient, tout ce qu'ils pardonnent !

Voyez M. Thiers tendre la main aux Lockroy et Barodet qui l'ont précipité du pouvoir ! Voyez M. Marcou se mettre sous les ordres du « sinistre vieillard » qui a fusillé ses amis. Voyez M. le pasteur Pressensé s'allier aux athées qui chaque jour outragent son Dieu !

Admirez cet étonnant mélange d'honnêtes gens, de chrétiens, d'hommes d'Etat, mêlés à des aventuriers, à des traîtres de septembre, à des anciens membres de la Commune, à des complices d'incendiaires... Et dites-moi comment il se fait que ce que ces hommes ont le courage d'accomplir par *fanatisme républicain*, il vous soit impossible de l'accepter pour le *salut du pays* !

Nous devons ne rien épargner pour former une majorité compacte de députés aussi honorables de fait que de droit, d'hommes consciencieux et fermes qui s'inspirent en tout et toujours et uniquement, des vrais intérêts de la France, inséparables de la justice et de l'honneur. Quelques orateurs sont nécessaires, mais si la droite retrouve ses membres écartés par le radicalisme, les orateurs du grand parti national seront en nombre suffisant. Un grand cœur est aujourd'hui chose plus nécessaire qu'un grand talent.

Tâchons de ne plus gaspiller nos forces en compétitions dangereuses et en déplorables conflits.

Sans transiger avec notre conscience, sans trahir nos prédilections politiques, sachons attendre et préparer un succès plus complet, en assurant d'abord le maintien des institutions religieuses et sociales qui sont l'honneur et la vie du pays.

Aux dernières élections générales le pouvoir, et les conservateurs ont méconnu leur devoir. Aveuglé par des illusions libérales et entraîné par une fausse générosité, le pouvoir s'annula ; le gouvernement, laissant ses amis sans soutien, offrit pleine liberté d'attaque à ses ennemis. La plupart des conservateurs, obéissant à une fidélité louable en elle-même, mais funeste à un tel moment, n'agirent que pour ceux des candidats qui représentaient leurs préférences politiques ; beaucoup d'électeurs influents s'abstinrent, quand une nuance seule les séparait d'un candidat que leur appui eût fait triompher. (1)

(1). Au cours de la séance du 16 juin, M. Gambetta a eu l'audace de prétendre que la majorité de la Chambre représentait sept millions d'électeurs sur huit. A cette affirmation audacieuse du prétendu républicanisme du pays, la *Gazette de France* riposte par le décompte des suffrages exprimés en 1876 :

Voix républicaines.	4,001,265
Voix monarchistes.	1,811,949
Voix bonapartistes.	1,399,888
Total.	7,210,102

Soit : 4,001, 265 voix républicaines contre 3,208,82) voix anti-républicaines sur plus de dix millions d'électeurs inscrits.

On voit qu'il y a loin de ces 4 millions de suffrages aux 7 millions que M. Gambetta attribue à son parti.

« Il faut espérer que dans la lutte prochaine, le gouvernement et les conservateurs voudront et sauront défendre le pays et la société.

*
**

Après avoir dit comment l'on doit voter, il me reste à prémunir les électeurs contre un danger qui grandit à chaque nouvelle élection dans des proportions inquiétantes.

Nous voulons parler de cette abstention coupable, insensée, incompréhensible surtout, si l'on songe que pour conquérir le suffrage universel on a fait une révolution et renversé un gouvernement ; et que, si l'on voulait l'enlever aujourd'hui, les gens qui ne votent pas seraient les premiers à élever des barricades pour le reprendre

Maintenant que le droit de suffrage est devenu le patrimoine de chaque citoyen, il faut que tout le monde vote sans exception ; sinon, c'est par le suffrage universel que se perdra la France.

Ah ! quand je l'aperçois, cette pauvre France mutilée, étendue sur le champ de bataille de ses défaites et de ses douleurs, et que je compte nos *abstentions*, je constate une fois de plus ce dont je me suis trouvé trop souvent le témoin inconsolable, je veux dire le manque d'élan patriotique et de dévouement à notre mère désolée. Je constate cet égoïsme indolent qui a paralysé tant de bras et glacé tant de cœurs ?

Et, si des jours plus sombres viennent encore succé-

Entre les voix républicaines et les voix anti-républicaines, il y a un écart de 793,438 voix seulement.

Il suffit, aux prochaines élections, de déplacer 396,719 voix pour déplacer la majorité. Que les *Trois millions* d'abstenants auraient donc aisé d'assurer la victoire !! Qu'ils y réfléchissent un peu !!

der aux jours de tristesse que nous avons traversés, quel ne sera pas le regret amer de ceux qui pourront se dire : je pouvais contribuer à conjurer ou à retarder l'orage, ma voix est restée muette.... Je me suis abstenu !.... Si l'on dépouille mes enfants et mes frères, si l'on corrompt le cœur et l'esprit des fils de la France, si l'on insulte la Religion, si l'on ferme les temples, si l'on exile Dieu !... j'en ai ma part de responsabilité !.... *Je me suis abstenu.*

Si encore cette négligence était égale dans tous les partis, elle deviendrait par cela même inoffensive.

Mais il n'en est pas ainsi. Il faut bien l'avouer, les plus négligents sont les conservateurs. Ce sont les honnêtes gens qui se montrent les moins empressés à voter.

Les autres profitent tout à leur aise de cette indifférence coupable. Ils sont toujours aux aguets ; ils se précipitent les premiers à la mairie, aussitôt qu'on délivre les cartes électorales. Le jour du vote, ils se lèvent de bon matin ; ils assistent à l'ouverture du scrutin, ils se surveillent entre eux pour que le mot d'ordre soit exactement suivi, et ils attendent que leur tour soit venu pour faire passer leurs bulletins de vote, — et cela plutôt deux fois qu'une.

Pourquoi donc les conservateurs ne seraient-ils pas aussi intelligents et aussi vigilants ?

Nous savons bien d'où provient cette indifférence.

Chacun se dit : Ce n'est pas ma voix qui sauvera le pays.

Au premier abord, ce raisonnement a l'air vrai. Au fond, il est absurde.

Il y a aussi des gens qui se sauvent pour ne pas faire la chaîne les jours d'incendie. Ils se disent : Ce n'est pas mon seau d'eau qui éteindra le feu.

Pendant ce temps-là la maison brûle.

Electeurs indifférents, voici une petite histoire de campagne dans laquelle vous n'aurez pas de peine à vous reconnaître. Méditez-là sérieusement.

Un brave curé de campagne était adoré de ses paroissiens ; l'amitié qu'on lui portait était si vive que les paysans, qui ne sont naturellement pas généreux, avaient décidé qu'on lui ferait un cadeau. Dans un pays vignoble, le plus beau présent qu'on puisse faire à l'époque des vendanges, c'est un tonneau de vin. Celui du curé se trouvait justement vide, on convint de le remplacer.

En effet, un beau jour, tous les paysans se rendirent dans la cave du brave homme, et chacun vida son broc dans le poinçon qui fut vite empli.

Or, il y avait dans le pays un villageois qui s'appelait Jean et qui poussait l'économie au-delà de ses dernières limites. Jean se tint ce discours :

— M. le curé va avoir là une pièce de bon vin ! il est positif que si quelqu'un, moi par exemple, y vidait un broc d'eau pure, personne ne pourrait s'en apercevoir.

En conséquence, et grâce à l'obscurité de la cave, Jean vida son broc d'eau claire dans le tonneau et s'en revint chez lui, doublement satisfait.

Quand le bon curé voulut goûter à son vin, il s'aperçut qu'il n'y avait dans son tonneau que de l'eau pure.

Tous les paysans s'étaient dit comme Jean : Ce n'est pas mon broc qui changera quelque chose à l'affaire.

Et tout le monde ayant fait le même raisonnement avait agi comme Jean.

Cette histoire n'est-elle pas celle des conservateurs ? Ils ne se dérangent pas le jour du scrutin ; leur abstention, c'est l'eau claire apportée par Jean, ce qui ne les empêche pas le lendemain de se plaindre de ce que les élections soient mauvaises, et de s'écrier que tout est perdu.

On a souvent réclamé une peine législative contre les abstentions, en souvenir de la vieille loi de Solon, punissant de mort tout citoyen qui, dans le cas où il s'agissait du salut public, n'exprimait pas hautement sa pensée.

Notre avis est qu'on devrait punir sévèrement tous ceux qui ne votent pas.

Quand un juré ne se rend pas à son poste, la Cour d'assises le condamne à une forte amende qui se double et se triple même, en cas de récidive.

Notez bien que les obligations du juré sont assez lourdes, qu'elles lui prennent un temps considérable et qu'elles lui imposent une responsabilité fort grave, tandis que voter est l'affaire d'une demi-heure, un dimanche, c'est-à-dire le jour où l'on ne travaille pas.

Le *Figaro*, qui nous a souvent inspiré dans le cours de ce chapitre, a trouvé, un moyen aussi simple que facile pour amener au scrutin les électeurs récalcitrants.

Tout électeur convaincu de n'avoir pas voté, serait condamné à payer ses impositions *doubles*.

Personne ne paye ses impôts avec plaisir, n'est-ce pas ? Jugez de ce que ce serait s'il fallait les payer doubles ; nous vous garantissons bien qu'il n'y aurait plus d'abstentions le jour où chacun saurait ce qu'il en coûte de ne pas voter.

« Impossible, dit-on encore, de prendre part aux élections ; nous ne voulons pas nous faire d'ennemis ! cela nuirait à notre clientèle ! pourvu que je vende ma rhubarbe et mon séné, que m'importe le reste ? Pourvu que je sois tranquille dans ou derrière mon fromage de Hollande,

Les choses d'ici-bas ne me regardent plus ! »

Passe pour le citoyen sans cœur et sans patriotisme

de l'infortunée Ratopolis de raisonner ainsi ; mais des hommes d'ordre !!! Avouez, mes chers amis, que c'est triste !.

Vous irez donc tous voter ; cela est entendu.

— Oui, sans doute, dans les circonscriptions où il se présente des candidats conservateurs. Mais dans les autres ? est-ce la peine de se déranger ?

Il est certainement fâcheux qu'il n'y ait pas des candidats conservateurs partout. Mais là même où il n'y en a point, nous conseillons aux électeurs de voter. Il ne faut jamais se déshabituer de remplir son devoir.

— Déposera-t-on un bulletin blanc ?

Non pas. Le bulletin blanc n'est point compté dans les suffrages exprimés. On se serait dérangé absolument pour rien. Ecrivez, au contraire, sur votre bulletin, le nom que vous voudriez voir triompher.

— Mais quel résultat cela peut-il avoir ?

Pour être élu au premier tour, il faut réunir un nombre de voix égale au quart des électeurs inscrits, et la majorité plus un des suffrages exprimés; si l'une de ces deux conditions n'est pas remplie, le scrutin est nul, et on le recommence quinze jours plus tard.

Mais dans ces intervalles, il serait facile de trouver un candidat sur lequel, alors, toutes les voix conservatrices se réuniraient.

Et quand même nul espoir ne se pourrait nourrir d'arriver à un ballotage, *fais ce que dois, advienne que pourra !*

*
* *

En terminant qu'on me permette d'adresser aussi ma requête aux femmes.

Rassurez-vous, mesdames, nous ne venons pas causer politique.

Vous représentez la force la plus redoutable qu'il y ait dans la société, la force douce, gracieuse et persévérante. Beaucoup d'entre vous, bien qu'elles ne soient pas *plus hautes que ça,* conduisent au doigt et à l'œil tel ou tel gros électeur barbu qui à son tour mène son canton et peut-être le département.

En outre, la nature vous a donné à toutes, et vous le savez bien, — un fort joli talent de diplomate, en sorte que ce que vous voulez, vous finissez toujours par l'obtenir.

Voilà pourquoi nous nous adressons à vous en ce moment, et pourquoi nous vous conjurons de faire tourner votre influence au profit de la patrie commune qui vous est chère autant qu'à nous. Il ne vous en coûtera pas le quart de l'habileté que vous déployez quand vous jugez bon de vous faire offrir par vos maris la robe qui vous plaît.

Il s'agit simplement, le jour des élections, de faire voter vos maris, ou vos frères, ou vos pères.

Remarquez que nous ne vous demandons pas de les faire voter dans un sens ou dans un autre ; nous vous disons simplement de les faire voter.

Les électeurs insouciants, qui ne votent pas, ne sont pas seulement de mauvais citoyens ; ils sont le fléau de la société et de la famille. S'il n'y avait pas eu tant d'abstentions, vous n'auriez pas vu partir pour la guerre ceux que vous aimiez et dont un si grand nombre sont restés couchés sur les champs de bataille.

C'est également à l'insouciance des électeurs que nous devons les terreurs et les hontes de la Commune.

Il faut donc que tout le monde vote. Vous, Mesdames, vous pouvez beaucoup pour arriver à ce résultat.

Le jour du scrutin, dites à vos maris, à vos frères, à vos pères, que l'heure est venue d'aller voter, comme si vous leur disiez que le moment d'aller à tel ou tel rendez-vous d'affaires est venu.

Vous verrez peut-être bien passer dans leurs yeux cet éclair de paresse et d'insouciance qui signifie : Je me reposerais si bien aujourd'hui !

N'y faites pas attention ! Rappelez-leur que les maîtres qui ne voteront pas sont fort au-dessous de leurs serviteurs qui vont au scrutin. Ne leur laissez aucun prétexte pour rester à la maison. Brossez, s'il le faut, vous-mêmes, leurs chapeaux, donnez-leur leurs cannes si le ciel est pur, leurs parapluies si le temps menace.

Ce jour-là, le rendez-vous des honnêtes gens est dans la salle du scrutin. Le bulletin de vote est une arme de précision qui vaut mieux que tous les chassepots du monde.

Electeurs, c'est le moyen pour vous de donner à la France une autorité d'ordre et non de destruction. Les candidats républicains vont essayer de vous endormir en affirmant que le radicalisme ne présente aucun danger. Vous ferez donc bien de méditer une des plus charmantes fables de Florian ; on la dirait composée tout exprès pour notre époque. Florian s'était laissé entraîner comme bien d'autres, par les illusions réformistes de 1789 ; il ne tenait aucun compte de la clairvoyance de ceux qui annonçaient de sinistres épreuves. Quand déjà l'émeute se manifestait dans les rues, les optimistes, les libéraux du temps répondaient : *Cela ne sera rien...*

» Ils furent guillotinés.

» Florian ne tarda pas à perdre ses illusions et il composa la fable suivante :

LE PERROQUET CONFIANT.

Cela ne sera rien, disent certaines gens,
Lorsque la tempête est prochaine ;
Pourquoi nous affliger, avant que le mal vienne ?
Pourquoi ! pour hésiter, s'il est encore temps
Un capitaine de navire,
Fort brave homme, mais peu prudent,
Se mit en mer malgré le vent.
Le pilote avait beau lui dire
Qu'il risquait sa vie et son bien,
Notre homme ne faisait qu'en rire,
Et répétait toujours : *Cela ne sera rien.*
Un perroquet de l'équipage,
A force d'entendre ces mots,
Les retint et les dit pendant tout le voyage.
Le navire égaré voguait au gré des flots,
Quand un calme plat vous l'arrête.
Les vivres tiraient à leur fin ;
Point de terre voisine, et bientôt plus de pain.
Chacun des passagers s'attriste, s'inquiète ;
Notre capitaine se tait.
Cela ne sera rien, criait le perroquet.
Le calme continue, on vit vaille que vaille ;
Il ne reste plus de volaille ;
On mange les oiseaux, triste et dernier moyen,
Perruches, cardinaux, catakois, tout y passe,
Le perroquet, la tête basse,
Disait plus doucement : *Cela ne sera rien,*
Il pouvait encore fuir : sa cage était trouée,
Il attendit, il fut étranglé bel et bien,
Et mourant, il criait d'une voix enrouée :
Cela .. cela ne sera rien.

Il y a encore un petit trou à la cage sociale où nous sommes emprisonnés, c'est la fissure de l'urne électorale ; profitons-en pour échapper au danger s'il se peut.

Voter mal ou s'abstenir, c'est vouloir se perdre par sa faute.

*
* *

La question est nettement posée :

D'un côté, le Maréchal, de l'autre la démagogie.

Toute hésitation, toute équivoque est devenue impossible. Il faut arborer franchement son drapeau. Là, pas de nuances, pas de compromis.; tout ou rien !

Drapeau rouge ou drapeau de la France !

Car, il faut bien le dire, la partie entre les gauches et le maréchal n'est autre que celle qui s'est jouée en 93 entre la Terreur et la royauté. Comme en 93 toutes les gauches marchent forcément sous la sanglante bannière.

En ce moment, vous êtes tout entiers à l'exaspération politique. Vous êtes tout entiers à votre petite haine contre le duc de Broglie, à votre petite rancune contre M. de Fourtou.

Mais dégagez-vous un peu de ces misérables sentiments, mettez votre tête dans vos mains et réfléchissez un instant :

Vous êtes à la fin d'octobre : le télégraphe apporte les nouvelles : « 400 élections républicaines radicales révolutionnaires. » Votre premier cri c'est de dire: Ah! nous sommes vainqueurs ! la réaction est terrassée.

Puis vous regardez autour de vous, vous écoutez : Montmartre et Belleville illuminent ; de Londres à Genève, de Bruxelles à Paris, les communeux se répondent par de longs cris de joie, la *Marseillaise*, le *Radical*, la *Tribune* entonnent le chant du triomphe ; les démagogues sortent de terre...

Vous entendez ces clameurs, vous lisez ces journaux incendiaires ; vous cherchez à vous calmer en vous disant :

« Mais ce n'est pas pour le radicalisme que j'ai combattu, c'est pour une république modérée, très-modérée ; c'est pour avoir des Léon Renaud, des Rémusat, des Casimir Périer, des Laboulaye. »

Les radicaux vous répondent par des éclats de rire ; se sentant les maîtres, n'ayant plus de ménagement à garder, brusquement leur fausse modération s'évanouit.

Vous protestez, vous vous écriez avec terreur :

J'ai peur pour mon argent que j'ai gagné, j'ai peur pour ma liberté que j'ai conquise, j'ai peur pour ma tête, que je veux bien risquer quand il s'agit du pays, mais que je ne veux pas qu'on me prenne sous le spécieux prétexte que la République en a besoin.

Je ne veux pas qu'on me fusille comme on a fusillé les otages.

Je ne veux pas qu'on me vole mon bien comme la République de jadis, la grande, a volé le leur aux propriétaires de ce temps-là.

Je ne veux pas qu'on me prenne mes enfants pour les enfermer dans un bouge laïque et obligatoire.

Je ne veux pas qu'on m'empêche de prier mon Dieu.

En face d'un tel danger, vous faites appel à toutes les forces vives de la nation, à l'armée, à la magistrature, au clergé..... Trop tard ! Durant la lutte vous n'avez cessé de tirer sur ces hommes, de les abaisser, de les amoindrir ; la victoire que vous venez de remporter, en compagnie des 363 et des communeux, a abattu tout ce qui pouvait vous défendre : soldats, gendarmes, sergents de ville, religion, patrie, tout est vaincu avec le Maréchal. Et alors vous vous apercevant de la vérité : « Ah ! ce n'est pas ça que nous avons voulu ! »

C'est le mot éternel ! En 48 aussi, ceux qui demandaient la réforme ne voulaient ni la République ni les journées de juin.

En 71 aussi, ceux qui demandaient le conseil municipal de Paris, ne voulaient ni le massacre des otages, ni l'incendie. Et cependant ils n'en portent pas moins la responsabilité de ce qui est advenu.

Car certains événements ont une logique, à laquelle on n'échappe pas. On a beau commencer une lutte au nom de certains principes modérés, raisonnables ; on a beau dire : je me tiens en dehors du mouvement ; on n'en arrive pas moins aux conséquences les plus extrêmes.

Après la République conservatrice, la République radicale, puis la Commune légale et enfin la Terreur.

Et soyez sûrs que c'est ce qui se passera ! Si jamais vous laissez le radicalisme triomphant entrer par la brèche, une fois la bataille finie on ne distinguera pas : vous aurez beau dire que vous étiez des modérés, des centre gauche, vous aurez beau affirmer que vous étiez contre ce coup d'Etat, votre maison ne sera pas marquée ; vous y passerez comme les autres, et vous aurez la honte d'être à la défaite sans avoir eu l'honneur d'être au combat.

CONCLUSION.

J'y suis, j'y reste ! — Jusqu'au bout !

La veille de la bataille de Cérisoles, François 1er avait assemblé les chefs et les principaux de l'armée pour tenir conseil. Montluc était du nombre. Tout le monde avait donné son avis et conclu en faveur de la retraite. Montluc se contenait avec peine ; quand ce fut son tour de parler, il le fit avec une énergie si grande qu'il toucha le cœur du roi, en lui promettant la victoire et le détermina à livrer bataille.

« J'entends tout le monde, disait-il, qui s'écrie autour de moi : *Si nous perdons !* et qui examine le grand mal qui en sortira ; mais je n'entends pas dire : *Si nous gagnons !* ni voir le grand bien qui adviendra. »

Electeurs, voilà le langage d'un soldat.

Courage ! Courage !

Tel est le cri qui s'élève quand les fléaux se déchainent. Nous avons entendu ce cri aux incendies et aux inondations. Quand les murs déchirés par la flamme menacent d'engloutir les travailleurs une voix sortie de la foule jette ce cri : *Courage !* quand la digue ou le vaisseau va se briser sous les efforts des vagues, l'air retentit du cri : *Courage ! Courage !*

Je compare en ce moment notre pauvre France au *Radeau de la Méduse*, dont *Géricault* a si magistralement peint, dans son chef-d'œuvre du Louvre, la longue et poignante agonie.

L'heure est venue pour les gens de cœur de répéter cet appel suprême : *Courage !*

Désormais il en faut pour braver le péril ; au lieu de de nous diviser, de désespérer ou de craindre, examinons un peu plus les chances de la victoire et ce qui doit en sortir.

Si le Maréchal reste, tout reste.

Avec lui, la France a le sentiment de sa sécurité et de sa dignité. Avec lui, elle a la certitude de vivre en paix jusqu'au 23 novembre 1880. Avec lui, nous conserverons la même armée, la même magistrature, la même administration, la même constitution, la même République honnête et conservatrice.

Sans lui, tout est perdu, patrie, religion, propriété, famille ; nous marchons à la guerre étrangère et civile, à l'anarchie, à l'inconnu !

On a dit : Que fera le maréchal devant une Chambre hostile, ivre du vin de sa récente victoire ? — On renverse l'ordre des questions. Il faut demander ce que fera une Chambre radicale devant le Maréchal. C'est à l'ennemi à tirer le premier, le président n'a qu'à le voir venir. Une nouvelle majorité de gauche ne peut rien contre lui constitutionnellement. La démission présidentielle ne peut être que volontaire, il n'y aura pas de démission. Les radicaux de la Chambre déposeront-ils une proposition de déchéance ? — Ce serait le déchirement sans phrase des lois constitutionnelles ; ce serait l'insurrection, l'émeute dans le Parlement. Pour parler à l'émeute, il y a l'armée et les parquets.

Si en votant pour les 363 et les candidats des démagogues, le pays lance contre le Maréchal une Chambre radicale, il la renverra encore ; et si on s'entête à lui en relancer une autre, il s'obstinera à la dissoudre de nouveau sans « abus de pouvoir » car l'abus de pouvoir consiste à user du pouvoir pour tolérer et encourager le mal, au lieu d'en user pour protéger et favoriser le bien.

» — Mais, objectent les radicaux, si le Maréchal
» refuse de se retirer, le jeu n'est plus juste, c'est la
» carte forcée.

» — Eh, certainement, mais n'est-ce pas l'histoire de tous les gouvernements ? Est-ce que depuis quatre-vingts ans nous avons vu autre chose.

» Est-ce qu'après Brumaire le premier Empire n'a pas été une carte forcée ? Est-ce qu'en 1815 les Bourbons n'ont pas été une carte forcée ! Est-ce qu'en 1830, en 48, en 52, d'Orléans, République, Empire, ne vous ont pas successivement présenté une carte forcée ?

» Est-ce que jamais en France le peuple a été complétement maître de faire un choix théorique de gouvernement avec toute sa liberté d'action ?

» Est-ce que, dans un pays divisé, ravagé comme le nôtre, tous, nous n'avons pas passé notre vie à accepter par raison des gouvernements qui s'imposaient par la force des choses, c'est-à-dire est-ce que notre politique n'a pas toujours été une politique de résignation ?

» Avec cette différence qu'en vous présentant leur carte, ces gouvernements-là avaient un intérêt tout personnel, un intérêt de dynastie, tandis que, cette fois, en vous présentant la sienne, le Maréchal accomplit un devoir pénible, alors que son intérêt personnel serait de s'en aller.

« Electeurs !

» Réfléchissez à tout cela.

» Voyez-vous, il en est qui viendront vous débiter de longs discours pour vous prouver que le Président a eu tort de faire le 16 Mai, et qu'il aura tort de ne pas vouloir s'en aller... Répondez-leur : « C'est bien » possible ; seulement, il est trop tard. Il est là, il a le » droit et il a la force, et nous autres, nous ne pouvons » rien pour le faire partir ! ! »

» Et le fait est qu'il est trop tard.

Si on ne voulait pas ça, il ne fallait pas choisir pour président un général d'armée ; il ne fallait pas remettre entre ses mains l'arme de la dissolution ; il ne fallait pas lui donner pour point d'appui une Chambre haute. En un mot, il ne fallait pas voter le Septennat ; il ne fallait pas voter la Constitution, toutes choses qu'ont faites ceux-là mêmes qui crient tant aujourd'hui.

» Maintenant que c'est fini, il faut prendre la situation telle qu'elle est. Or, cette situation est bien simple : Etant donnés trois pouvoirs : d'un côté, un chef d'Etat inamovible appuyé sur la loi et sur l'armée, — de l'autre, un Sénat également inamovible appuyé sur le droit, — et enfin une Chambre qui n'est appuyée sur rien du tout et que l'on renvoie à volonté, quel autre moyen avez-vous de retrouver le repos que de nommer une Chambre qui s'entende et avec le Président et avec le Sénat ?

» Puisque, sur trois pouvoirs, il y en a déjà deux qui sont du même avis et qui sont inamovibles, quelle espérance de paix pouvez-vous avoir si vous ne faites pas en sorte que le troisième pouvoir s'entende avec les deux premiers ?

» D'autant plus que le Maréchal a une force bien autre que celle d'un Président ordinaire. Il était là, depuis deux années, chef irrévocable, quand on lui a demandé de permettre à la République de venir se blottir à ses pieds.

» Par son nom, par sa carrière, il a pour lui le clergé, la magistrature, l'armée, la gendarmerie, la police, tout ce qui constitue une société, tout ce qui en fait la force.

» De plus, dès qu'il croit que c'est son devoir, il est entêté comme un démon Quand une fois, il a dit : « J'y suis, j'y reste ! » il y reste « jusqu'au bout. » Les bombes et les obus n'ont pu le déloger de la tour Malakoff, soyez sûrs que tous les bulletins du monde ne le délogeront pas de la Présidence et qu'il y restera « jusqu'au bout. »

Seulement le Maréchal ne peut pas tout faire. Maintenant, c'est à nous de l'aider.

Il faut sortir de notre inertie, secouer notre torpeur ! Il faut avoir de l'initiative, de l'individualité. Il faut trouver pour le bien le ressort et l'activité que nos ennemis possèdent pour le mal.

Nous savons bien nous plaindre, quand le chef de l'Etat n'agit pas ! Nous savons bien critiquer, pérorer, maudire sa faiblesse ! Eh bien ! il a agi, il a parlé, il a chassé les démocrates et les athées, il a sacrifié son repos, il a attiré toutes les malédictions sur sa tête... il a fait tout ce qui dépendait de lui !... C'est à nous maintenant !

C'est à nous à agir, à lutter. Il faut que les uns rentrent dans leurs châteaux pour éclairer les paysans ; il faut que les autres aillent trouver les ouvriers dans leurs ateliers ; il faut que chacun agisse dans la mesure de ses forces ! Ce n'est pas une lutte politique, c'est la lutte pour la vie !

C'est la lutte pour défendre la société, pour défendre la religion, la famille ! C'est la lutte contre la Commune !

Oui, contre la Commune ! Voilà ce qu'il faut bien répéter dans les villes, dans les campagnes ! Et tant que les 363 conserveront leurs alliés de la démagogie, tant qu'ils n'auront pas le courage de répudier les partisans des assassins, nous aurons le droit et le devoir de leur jeter ce mot-là à la face ! (1)

Il y a dans l'antiquité un admirable trait où le dévouement à la patrie éclate dans toute sa force, et que je veux vous dire en finissant, pour en tirer un exemple et un encouragement :

Hérodote rapporte que Sparte et Argos étant en guerre pour la possession d'un lieu important, appelé Thyré, trois cents hommes choisis de part et d'autre durent, par une convention faite entre les deux peuples, en venir aux mains dans un combat solennel dont le territoire contesté serait le prix attribué aux vainqueurs. On combattit jusqu'à extinction ; tous les Lacédémoniens étaient morts ou mortellement blessés. Deux Argiens seuls restés debout coururent à Argos annoncer la victoire. Mais un Lacédémonien nommé Othryades, blessé et qui n'avait plus qu'un souffle de vie, se soulevant sur le champ de bataille ensanglanté et se voyant seul, eut encore assez de force pour dépouiller un vaincu, dresser un trophée, témoignage sacré que les autres avaient oublié, et sur le bouclier il écrivit de son sang : La victoire est aux Lacédémoniens ! Puis il expira. Quand les Argiens revinrent, ils trouvèrent le trophée debout, l'inscription encore fumante et Othryades qui rendait l'âme à côté ; mais la religion défendait de renverser un trophée, et la victoire était acquise et consacrée. Les poëtes ont chanté ce magnifique effet de la force du cœur, et Simonide a écrit pour les Spartiates une épitaphe triomphante :

« Nous, les trois cents qui avons, ô Sparte notre

(1) *Figaro*, 12 juillet 1877.

mère, combattu pour Thyré contre un pareil nombre d'Argiens, sans tourner la tête, là où nous avions marqué le pied, nous avons laissé la vie. Mais ce trophée couvert du sang généreux d'Othryades proclame que Thyré est aux Lacédémoniens. Si quelqu'un des Argiens a échappé à son destin, c'est qu'il a fui. Pour Sparte, ce n'est pas de mourir, c'est de fuir qui est proprement la mort. »

Electeurs, comme autrefois Sparte et Argos, le catholicisme et la révolution sont aux prises ; mais ce n'est pas la possession d'une ville ou d'un territoire qui les divise : il s'agit de savoir à qui sera la France, et je ne veux pas dire la terre de France, ses villes, ses rivières, ses vallées et ses montagnes, mais ce qui est bien plus proprement elle-même, à qui seront l'âme de la France et le cœur de ses enfants. (1)

La lutte est acharnée, parce que le prix en est grand. Il ne s'agit rien moins que des destinées de la France, de sa ruine ou de son salut.

Electeurs, debout !

Nous devons être parmi les Français catholiques, comme les trois cents Lacédémoniens que Sparte avait pour son service, dévoués à un combat sans merci. Comme eux, nous lutterons pour l'Eglise notre mère, pour la France notre patrie, sans tourner la tête ; et, s'il le faut, là où nous aurons marqué le pied, nous laisserons aussi la vie, estimant que pour des hommes de cœur, ce n'est pas de mourir, c'est de fuir qui est proprement la mort.

Mais dussions-nous être un moment vaincus en apparence, avant de succomber, nous saurons, comme

____

(1) M. De Mun. Discours prononcé à la séance de clôture de l'Assemblée générale de l'œuvre des Cercles catholiques d'ouvriers (juin 1877).

Othryades, planter au cœur de la patrie, comme un impérissable témoignage de ses destins immortels, une croix triomphante, soutenue par une épée, et qui apprendra au monde, à travers les âges, qu'une terre comme la France ne peut appartenir ni au radicalisme ni à Satan, mais à la foi chrétienne et à Jésus-Christ.

Mirecourt, typ. Chassel.

QUI VIVE?

ou Causeries humoristiques et pratiques sur la République radicale à propos des Elections prochaines, par UN PATRIOTE LORRAIN. — Brochure in-18 de 164 pages. 75 c. l'exemplaire. — La douzaine, 7 fr. FRANCO. —

Le Comité électoral catholique de Paris a jugé que ces brochures pouvaient utilement servir la cause conservatrice, et les a recommandées à tous les candidats. L'UNIVERS, l'EMANCIPATEUR DE CAMBRAI, le JOURNAL DU MORBIHAN, l'UNION DE VAUCLUSE, la GAZETTE DU MIDI, etc., en ont parlé en termes les plus élogieux. — Nous citons seulement deux lettres de félicitations adressées à l'auteur, par Mgr l'évêque d'Orléans et le vaillant champion du catholicisme, M. de Mun :

Je vous remercie des bonnes paroles que vous voulez bien m'écrire et que j'accepte à titre d'encouragement. Je vous remercie pareillement de l'éloquente brochure que vous m'avez fait l'honneur de m'adresser et que j'ai lue avec un vif intérêt.

Vous avez en effet raison de veiller et de jeter votre cri ; car la guerre est commencée et elle menace d'être terrible.

Il faut que chacun soit à son poste de combat et fasse du mieux son devoir.

Veuillez agréer tous nos bien dévoués hommages en N. S.

✝ FÉLIX, évêque d'Orléans.

J'ai reçu la lettre que vous m'avez fait l'honneur de m'adresser et l'envoi qu'elle contenait ; je ne veux pas tarder à vous remercier de l'un et de l'autre. Les encouragements que vous m'adressez en termes si élevés m'ont beaucoup touché. Votre ardeur chrétienne est communicative, et s'il m'est permis d'ajouter un éloge aux témoignages si flatteurs dont vous avez été l'objet, je dirai que votre Appel aux habitants des campagnes devrait être répandu dans tous les villages.

Je vous prie d'agréer, Monsieur, l'expression de mes sentiments respectueux.

A. DE MUN.

9 782011 617835